Ingeborg Feustel, Ein Sack voller Märchen aus dem Rappelpappelwald

Ein Sack voller Märchen aus dem Rappelpappelwald

Ein Buch für Kinder von 6 bis 10 Jahren

von Ingeborg Feustel

Illustrationen: Erich Gürtzig
Musik: Willibald Winkler

Lied der Zeit · Musikverlag · Berlin 1988

ISBN 3-7332-0043-8
2. Auflage · © 1979 by VEB Lied der Zeit, Musikverlag, Berlin
Printed in the German Democratic Republic
Lizenz-Nr. 419-440/A 12/88 · LSV 8306 · Bestell-Nr. 521 107 1
Lektor: Sabine Tuch · Typograf: Ulrike Kühne
Gesamtproduktion: Sachsendruck Plauen · 00900

Wie das Langohr und der Mutzbär Freunde wurden

Wo sich die Wiese und der Rappelpappelwald treffen, trafen sich auch der Hase und der Bär.

„Guten Morgen, Petz!“ rief der Hase. „Wie findest du das Wetter?“ Der Bär brummte mürrisch und trottete mißmutig davon.

Am Bullerbach begegneten sich die beiden wieder. „Guten Tag, Bär!“ sagte das Langohr freundlich. „Es scheint beinahe, als wären wir beide miteinander verabredet!“ Der Bär aber brummte noch ärgerlicher und trollte sich.

Die Sonne wurde müde, da trafen die beiden schon wieder zusammen. „Guten Abend, Nachbar Petz!“ lachte der Hase. „Du siehst, unsere Wege kreuzen sich überall. Laß uns also Freunde sein.“

Da rümpfte der Mutzbär hochmütig die Nase. „Du willst mein Freund sein? Nie! – Hast Ohren wie Suppenlöffel, und in den Pfoten fehlt dir der Dampf! Soll man mich deinetwegen auslachen?“

Doch wie es manchmal geht, das Langohr und der Mutzbär begegneten einander überall – morgens, mittags und abends – am Waldrand, am Bach und auf der Wiese. Weil der Hase aber nicht müde wurde, jedesmal dem Bären ein freundliches Wort zu geben, verdroß es den mißmutigen Bären so sehr, daß er tiefer und tiefer in den Wald hineinzog, um den Mümmelmann nie mehr zu treffen.

Da kam der Bär eines Tages mitten im Herzen des Rappelpappelwaldes in ein heimliches Tal. Hier wuchsen junge Silberbirken und samtige Schwarzföhren, hier flatterten schillernde Schmetterlinge von Blume zu Blume, und ein kleiner Bach floß hinein und heraus.

Der Mutzbär sah nichts von der versteckten Schönheit des Tales. Er stampfte wie ein dummes Trampeltier rechts und links, rechts und links alles nieder. Dann zerwühlte er das Bachbett mit seinen Tatzen und wälzte sich in den Blumen trocken.

So war bald aus dem heimlichen Tal eine Wüstenei geworden. Der Mutzbär aber ließ sich faul die Sonne auf den Pelz brennen und kümmerte sich nicht darum.

Eines Mittags, als der Sommer seine stille Stunde hatte, rumorte es leise – knackte zuerst und knarrte. Als der Mutzbär nach rechts sah, war es ihm so, als wären die dicken, runzligen Eichenbäume vom Rande des Tales ein Stück näher gerückt. Die Pappeln raschelten verdächtig mit ihren Blättern. Alles Unsinn, dachte der Bär und sah nach links. Da schoben sich die Hügel Schritt um Schritt näher. Sogar die alte Buche zog ächzend ihre Wurzeln aus dem Boden, und die krochen wie Schlangen auf den Bären zu. Enger und enger wurde es im heimlichen Tal. Drohend standen die Stämme der Bäume rings um den Mutzbären.

Plötzlich sprang jemand mit einem gewaltigen Satz über die Baumkronen und landete neben dem Bären. „Guten Tag, Nachbar Petz!" hechelte der Hase. „Ich denke, du könntest jetzt einen Freund gebrauchen!"

„Freund oder Feind – wir werden beide zusammen zugrunde gehen!" brummte der Bär. „Spring wieder davon, du dummes Löffelohr!"

„Was ich mir in den Kopf gesetzt habe, muß ich zu Ende führen – so oder so!" Der Hase ließ den Bären brummen, richtete die Birkenstämmchen wieder auf und dann die Schwarzföhren dazu und fing an, dem zerwühlten Bach ein neues Bett zu scharren.

Als nun der Bär dem Hasen eine Weile zugesehen hatte, merkte er, daß die Hügel still standen. Die runzligen Eichen neigten ihre Kronen, als wollten sie erfahren, was da geschah.

Endlich begriff der Mutzbär, warum er in der Klemme saß. Da gab es in ihm einen Ruck. Er half dem Hasen, das Bachbett zu graben,

schob das zerwühlte Moos langsam auf seinen richtigen Platz und brummte dabei vor sich hin.

„Wie bitte?“ fragte der Hase neugierig. Aber die Antwort hat der Hase nie erfahren, denn die alte Buche zog gerade knarrend ihre Wurzeln zurück, die Hügel rückten wieder auseinander, die Eichen wankten zum Rand des Tales, und die Pappeln folgten ihnen flüsternd.

Bald sah das heimliche Tal wieder aus wie gestern und vorgestern. Am Abend begegnete der Hase dem Bären am wilden Brombeerstrauch. „Guten Abend, Nachbar Lampe!“ brummte der Bär. „Die Brombeeren sind in diesem Jahr besonders gut geraten – meine ich!“

„Das soll wahr sein“, sagte das Langohr. Und die beiden hockten zusammen und sagten noch dies und das, bis der gelbe Mond über dem Schilf am See hing.

Da flog die Abendeule durch die Nachtwolken und staunte.

Als die Piepsmaus den Sturmwind heiraten wollte

Zwischen den Wurzeln der knorrigen Eiche am Rande des Rappelpappelwaldes wohnte einen Sommer lang eine Piepsmaus.

Kam der Fuchs vorbei und bellte – schlupp –, flüchtete das Mäuschen in das Mauseloch, und das Herz schlug ihm bis zum Halse.

Flatterte die Krähe vorbei und krächzte – schlupp –, flüchtete die Piepsmaus in ihr Mauseloch und hörte vor Angst ihr Herz schlagen.

Segelte die Abendeule vorbei und rief ihr „Uhu! Uhu!" zum Mond hinauf – schlupp –, flüchtete die Piepsmaus in ihr Mauseloch und versteckte sich tief in ihrem Schlafheu.

„Ich werde vor Angst ganz mager", flüsterte sie, „das muß anders werden!" Das Mäuschen blieb drei Tage lang im Mauseloch und überlegte und überlegte, aber es wollte ihm kein Ausweg einfallen. Wenn jemand drei Tage lang überlegt, knurrt der Magen vor Hunger wie eine ungeölte Tür. Deshalb schlich das Mäuschen an einem Nebelmorgen aus der Mäusehöhle, sah nach rechts und vorsichtig nach links, holte sich eine Buchecker und knusperte sie auf.

Da sprang der wilde Herbststurm über die Wiese in den Wald hinein, zauste die Eichen, daß die Äste knarrten, drückte die Abendeule tief in ihr Eulenloch und wehte schließlich die Krähe auf den See hinaus, so weit, daß sie beinahe ertrunken wäre.

Dem Fuchs aber blies der Herbststurm ein ganzes Fuder Sand ins Gesicht, daß er drei Tage lang blinzelte und fürchterlich nieste.

„Wenn ich doch nur der Herbststurm wäre!" piepste die Maus. „Dann würde ich es ihnen zeigen!"

Als die Piepsmaus die Buchecker aufgeknappert hatte, kam ihr ein Gedanke. Sie flötete leise und setzte sich vor ihre Mausehöhle.

Gerade da schnürte der Fuchs vorbei und hatte nach den Sturmtagen einen gewaltigen Hunger. Als er die Maus so frech vor ihrer Höhle hocken sah, leckte er sich schon gierig die Nase und schlich sich von hinten an.

Die Piepsmaus nahm ihren ganzen Mut zusammen, drehte sich um und sagte: „Rotfuchs, wenn du mir etwas antust, wird sich mein Bräutigam an dir rächen – und das geht für dich fürchterlich aus!"

Der Fuchs stutzte. „Wer ist denn dein Bräutigam?"

„Der Herbststurm!"

Für drei Augenblicke schloß das Mäuschen die Augen, und das Herz blieb ihm beinahe vor Angst stehen, denn bei einem Fuchs weiß man nie so recht, woran man ist.

Aber dann... dann zog der Fuchs doch tatsächlich seinen Schwanz ein, blinzelte und nieste verlegen und lief mit eiligen Schritten davon.

„Haha, so ist das also!" kicherte die Piepsmaus und rieb sich die Vorderpfötchen.

Da flatterte die Krähe heran. „Krah-krah!" krächzte sie, und ihre Augen starrten gierig auf die Maus.

„Keinen Schritt weiter, Schwarzrock, sonst bläst dich mein Bräutigam, der Herbststurm, wieder auf den See hinaus!" piepste das Mäuschen. „Krako-krax!" Die Krähe verschluckte sich vor Schreck, flatterte auf die Birke und blieb dort eine ganze Stunde lang verwirrt sitzen. „Das macht sich besser, als ich dachte", kicherte das Mäuschen und rieb sich die Pfoten.

Als der Mond groß und gelb über die Hügel geschwommen kam, trippelte die Piepsmaus unter die Euleneiche und rief zum Eulenloch hinauf: „Nachteule, wenn du mich beim Abendspaziergang störst, wird dich mein Bräutigam, der Herbststurm, auf den Mond pusten – du Nachtuhukel!"

Da klappte die Eule ihre rotgoldenen Augen auf und sah die Maus erstaunt an, flog aber vorsichtshalber doch einen großen Umweg. Die Sache mit der Piepsmaus und dem Herbststurmbräutigam sprach sich natürlich überall im Rappelpappelwald herum, und für das Mäuschen begannen herrliche Tage.

Im hellichten Sonnenschein konnte sie zum Himbeergebüsch huschen und sich die letzten überreifen Beeren holen. Kam die Piepsmaus zur Buche, rückten selbst die Eichhörnchen zur Seite, und sie suchte sich die fettesten Bissen aus.

Eines Abends, als die Maus im Mondschein spazierenging, begegnete ihr der Fuchs mitten auf der Bachbrücke. Da standen sie sich beide gegenüber, Nase an Nase, Auge vor Auge – die Piepsmaus und der Fuchs. „Naaa?“ fragte das Mäuschen. Gleich fiel dem Fuchs die Sache mit dem Herbststurm ein, und er blinzelte und mußte niesen.

„Hatschiiiiiiiiii!“

Widerwillig setzte der Rotpelz Pfote um Pfote rückwärts und gab der winzigen Maus den Weg frei.

„Morgen lerne ich jodeln!“ rief die Piepsmaus, so übermütig war sie geworden. Und ihr Übermut wuchs und wuchs – und am Ende wußte die Piepsmaus nicht mehr, was geht und was nicht geht.

Als am nächsten Tag der Herbststurm wie ein Rüpel im Wald und im Schilfdickicht hauste, pfiff sich das Mäuschen eins und wollte spazierengehen. Der Herbststurm wirbelte und heulte um die Eiche herum, riß Blätter, Äste und dürres Gras ab und hob alles hoch in die Luft, als wollte er es in die Wolken werfen.

Die Piepsmaus steckte mitten in dem Krimskrams und flog mit. „Hilfe!“ piepste sie. „Hilfe!“ Die Tiere sahen aus ihren Verstecken und flüsterten einander zu: „Jetzt hat sich der Bräutigam seine Braut geholt!“

Als nun der Herbststurm lange genug mit den Ästen, Gräsern, Zweigen und dem Mäuschen herumgewirbelt hatte, ließ er alles einfach los. Die Piepsmaus fiel auf den Kronenast der alten Eiche und klammerte sich ängstlich an der Rinde fest. „Helft mir doch!“ piepste sie. Aber so freundlich die meisten Waldbewohner auch sonst mit der Maus standen, keiner wollte ihr helfen, denn sie fürchteten alle den sausenden, brausenden Mäusebräutigam.

So dauerte es drei Tage und drei Nächte, bis die Piepsmaus vom Kronenast der alten Eiche hinunter ins Moos geklettert war. Müde und halb verhungert schleppte sie sich in ihre Höhle, fraß einen Halm von ihrem Schlafheu und brauchte eine ganze Nacht, um wieder zu Atem zu kommen.

Noch heute denkt das Mäuschen manchmal: Was habe ich nur falsch gemacht?

Die Abendeule weiß es vielleicht, aber die Piepsmaus schämt sich, danach zu fragen.

Wie der Rappelpappelwald zu einem Hexlein kam

An einem Donnerstagmorgen pfiff es seltsam durch den Rappelpappelwald, und ein Hexlein landete an einem rotgepunkteten Regenschirm mitten im Holunderbusch. Es hatte sich mit allen anderen Hexen verzankt, denn es war völlig aus der Art geraten, nämlich freundlich und hilfsbereit.

Der Hase entdeckte es zuerst.

„Guten Tag, Hase!"

„Guten Tag! Wer bist du?"

„Ich bin ein Hexlein!"

Gleich fragte der Hase: „Kannst du wirklich hexen?" Das Hexlein nickte so eifrig, daß ihm alle Haare zu Berge standen.

„Dann hexe mir doch...", der Hase überlegte, „dann hexe mir doch ein himbeerrotes Fell und eine dicke Ringelschwanzlocke!"

Das Hexlein wisperte und rieb Stein an Stein, daß die Funken sprühten. Sofort fühlte sich der Hase an seinem Schwänzchen ganz seltsam, und als er sich umsah, ringelte sich an seinem Hinterteil eine plustrige, himbeerrote Schwanzlocke.

Der Hase lief zum Waldteich, spiegelte sich im Wasser und staunte. „Ooohhh!" Gerade da schnaufte der Igel vorbei, stutzte und fragte: „Wer bist du, wunderschönes Tier?"

„Ich bin doch der Hase!" rief der Hase. „Das Hexlein hat mich verwandelt."

Da trippelte der Igel, so schnell er nur konnte, zum Rappelpappelwald, schnüffelte hinter jeden Busch und suchte das Hexlein. Auf der Bachbrücke fand er es.

Das Hexlein baumelte fröhlich mit den Füßen im Wasser. „Kannst du wirklich hexen?“ fragte der Igel gleich. Das Hexlein nickte so eifrig, daß die Bachbrücke wackelte.

„Dann hexe mir doch…“, schnaufte der Igel, „ein Paar Flügel! Ich will fliegen wie die Schwalbe.“

„Wenn du unbedingt darauf bestehst!“ lachte das Hexlein freundlich, murmelte etwas vor sich hin, plätscherte dabei mit den Füßen im Wasser herum – und schon zwickte es dem Igel am Rücken. Als sich der Igel im Bach sah, saßen ihm doch tatsächlich zwei Flügel auf dem Rücken.

Jubel und Freude! „Jetzt fliege ich wie ein Vogel!“ rief der Igel. Aber weil ein Igel ein dickes Bäuchlein hat, holperte und stolperte er nur wie eine flügellahme Krähe herum.

Doch nach einer gewissen Zeit lernte der Igel schließlich doch irgendwie das Flattern und flog ungeschickt auf den untersten Ast des Holunderstrauches.

So kam das Hexlein ins Gerede, und jeder im Rappelpappelwald und aus der Gegend ringsum wollte es anders haben, als es war.

Der Aal wünschte sich Füße zum Spazierengehen zwischen den Sandhügeln, und die Ente hätte gern ein echtes Wuschelfell gehabt. Der kleine Zaunkönig wollte sogar so groß sein wie der Vogel Strauß, von dem er einmal gehört hatte.

Kurzum – wenn jetzt jemand zufällig in den Rappelpappelwald kam, fiel er vor Staunen glatt auf den Rücken, so erschreckten ihn die seltsamen Tiere.

Bloß der Fuchs wollte so bleiben, wie er war. Er hatte es jetzt mit der Jagd einfacher. Überall leuchtete das himbeerrote Hasenfell zwischen den Gräsern, und der Watschelaal zwischen den Sanddünen war nicht schneller als eine Schnecke. Die krähenden veilchenblauen Mäuse mit den weißen Tupfen aber waren am leichtesten zu finden.

Da begannen die ersten Tiere zu seufzen, kamen zum Hexlein und beklagten sich über den Fuchs.

„Gut, gut, das läßt sich ändern!" Das Hexlein nickte wieder eifrig mit dem Kopf. Aber weil das Hexlein eben noch unerfahren war, dachte es, es könnte die Welt im Rappelpappelwald mit einem einzigen Hexenspruch wieder in Ordnung bringen. Deshalb flüsterte es, rieb wieder Stein an Stein, und schon war der Fuchs so klein wie ein Heuhüpfer. Der Rotpelz fauchte und knurrte vor Wut, aber die Tiere lachten ihn aus, und die veilchenblauen Mäuse machten ihm eine lange Nase.

Wer nimmt schon einen Heuhüpferling ernst, auch wenn er faucht und zischt?

So wurde es Abend, und schon gab es neue Aufregung. Der Zaunkönig wollte sich ins Nest setzen. Er paßte aber nicht mehr hinein und brach mit der ganzen Hecke zusammen.

Auch der Igel hatte Ärger. Als er auf der Suche nach seinem Abendbrot mühsam durch die Holunderbüsche flatterte, fand er keinen einzigen Bissen. Denn Schnecken und Regenwürmer fliegen nie in der Luft herum.

Kaum war der Mond aufgegangen, da seufzte und schimpfte es überall im Rappelpappelwald. Jedermann nörgelte, denn alles war durcheinander geraten. Wer nicht mehr aus noch ein wußte, lief zum Hexlein und beschwerte sich. Das Hexlein verkroch sich in der Besenweide, hielt sich die Ohren zu und bekam Kopfbrummen. „Ihr habt es doch selbst gewollt!" rief es verzweifelt. Aber die Tiere schimpften und nörgelten weiter und fanden sich abscheulich und unbequem.

Da hockte sich das Hexlein in das leere Eulenloch im Ahorn und dachte über alles nach. „Ich weiß nicht, ob das Leben glücklicher wird, wenn alle Wünsche in Erfüllung gehen – vor allem die verrücktesten!"

Das Hexlein hexte die ganze Nacht, schwitzte vor Aufregung und wurde heiser vom vielen Murmeln.

Als der Hase morgens aufwachte, war er wieder ein Hase, die Maus eine Maus, und der Zaunkönig paßte wieder in sein Nest hinein. Kurzum – alles war wieder wie früher!

Das Hexlein lebte noch sieben Winter in dem leeren Eulenloch, aber es gebrauchte das

Hexen so sparsam wie das Salz für die Suppe. Nur manchmal, wenn der Frost auf dem See knackte und der Rauhreif den Bäumen weiße Bärte wachsen ließ, wenn die Tiere vor Hunger und Kälte zitterten, dann schien ganz plötzlich die Sonne warm wie im Sommer. Die Himbeeren dufteten, und über die Waldwiese flog hier und da ein Schmetterling. Dann wurde allen Tieren im Rappelpappelwald das Herz sonnenwarm. Aber am nächsten Tag wußte keiner mehr so genau, ob es nicht doch nur ein Traum gewesen war.

„War es ein Traum?“ fragten die Rebhühner einander unter der Schneewehe. Dann kicherte es hexenhaft irgendwo. Ich glaube, im alten Eulenloch.

Das Hinkelhühnchen

Gleich neben dem Rappelpappelwald wohnte ein Rebhuhnvolk.

Eines Tages schlüpften zur gleichen Zeit 22 Hühnerkücken aus den Eiern. Da gakelten und spektakelten die Hennen um die Kücken herum und umsorgten sie. Die Kücken beeilten sich mit dem Wachsen und hatten schon bald Federn an ihren Flügeln.

Nur eines blieb klein und bummelte immer sieben Schritte hinterher, wenn das Hühnervolk vom Waldrand zur Wiese und von der Wiese zum Bach wanderte.

Da nannten es alle das Hinkelhühnchen. Jedermann im Hühnervolk war freundlich zu Hinkelhühnchen – aber so von oben herab. Wenn sich alle satt gefressen hatten und es lagen noch zwei, drei Körner auf der Wiese, riefen sie: „Laßt die Körner für Hinkelhühnchen, damit es endlich wächst und richtige Federn bekommt!"

Hinkelhühnchen schluckte brav alle Körner und Würmer, aber es ärgerte sich. Es ärgerte sich von Tag zu Tag mehr. Oft blieb es mit Absicht ein Stück zurück. Wenn sich dann alle umsahen und gakelten: „Hinkelhühnchen, wo bleibst du?" – maulte Hinkelhühnchen und ging noch langsamer. So kam es, daß Hinkelhühnchen mürrisch und unfreundlich wurde. An einem Tag, als die Sonne besonders warm schien, waren auf der Waldwiese tausend kleine Löwenzahnsonnen aufgeblüht. Da nahmen sich die Rebhühner vor, einen weiten, weiten Weg zu laufen, über ein abgeerntetes Feld, um sich den Magen mit Käfern, Körnern und Würmern zu füllen.

Los ging es – voran der Hahn, dann alle Hennen, danach die Kücken mit den Federn, die Kücken mit dem Flaum und ganz zuletzt Hinkelhühnchen – wie immer.

So marschierten sie. Der Morgen verging, der Mittag kam. Die Kröpfe waren gefüllt, und die Hühnergesellschaft wurde müde. „Mittagspause!“ krähte der Hahn. Da legten sich alle in den Schatten und ruhten sich aus. Nur Hinkelhühnchen trippelte noch hierhin und dorthin und kam dabei an einen frischgestrichenen blauen Zaun. Hier krabbelten und zappelten die Fliegen und Käfer wie an einem Fliegenfänger, und Hinkelhühnchen mußte sich nicht einmal nach ihnen bücken. Aber weil Hinkelhühnchen dabei nicht achtgab, wischte es hier und dort mit seinen spärlichen Federn am Zaun entlang.

Als Hinkelhühnchen endlich zu den anderen Hühnern zurückmarschierte, war es über und über blaugestreift und -getupft. Da erkannten es die anderen Rebhühner nicht mehr, und ein kleiner Hahn krähte verzückt: „Wie schön! Kein anderer von uns ist so blau wie dieser kleine Pfau!“

Da lief Hinkelhühnchen zum Bach, sah hinein und fand sich selbst wunderhübsch – so wunderhübsch, daß es mit dem anderen Hühnervolk nichts mehr zu tun haben wollte.

„Sie nennen mich Hinkelhühnchen“, sagte es zu seinem Spiegelbild. „Aber wie man sieht, bin ich ein Pfau geworden. Ich will nie mehr mit ihnen sprechen. Das haben sie nun davon!“

Also marschierte Hinkelhühnchen nach rechts, als das Rebhuhnvolk nach links ging.

Hinkelhühnchen kam in den Rappelpappelwald.

„Hier kommt ein Pfau,
man sieht's genau –
denn seine Federn,
die sind blau!"

sang Hinkelhühnchen so laut, daß es jeder hören konnte.

Zuerst begegnete Hinkelhühnchen der Krähe. Ganz erstaunt blieb die Krähe auf dem Weg sitzen. „Glotz mich nicht so an!" sagte Hinkelhühnchen schnippisch. „Ich bin ein Pfau! Und morgen wächst mir noch der Pfauenschwanz. Also geh mir aus dem Weg, wie es sich gehört!" Das verschlug der Krähe die Sprache, und sie hüpfte zur Seite. Am Brombeerbusch hockte der Igel und schmatzte schwarzblaue Brombeeren. „Verbeuge dich!" sagte Hinkelhühnchen. „Hier kommt ein Pfau – stolz und blau!" „Blau bin ich auch!" kicherte der Igel. „Aber auf der Zunge – von den Brombeeren!"

Da tat Hinkelhühnchen, als hätte es schon einen Pfauenschwanz, zierte sich und sagte: „Gleich kommt meine Pfauenfamilie. Die wird dich lehren, so dumm mit mir zu reden!"

Da verschlug es auch dem Igel die Sprache. Er ging zur Seite, und Hinkelhühnchen stolzierte vorbei.

So ging Hinkelhühnchen durch den ganzen Rappelpappelwald, prahlte und konnte seinen Schnabel nicht voll genug nehmen – und kam sich schließlich selbst schon vor wie ein Pfau mit einem Schleppschwanz, lang wie eine Wäscheleine.

Plötzlich stand der Fuchs quer auf dem Weg. Aber Hinkelhühnchen hatte seinen Kopf noch so voller Prahlereien, daß es ihm gar nicht einfiel, schnell auf die Wiese zu flattern. Es riß seinen kleinen Schnabel weit auf und piepste: „Hier kommt der schönste Pfau! Aus dem Weg, Fuchs, damit du mir nicht auf den Schwanz trittst!"

Hinkelhühnchen stolzierte geradewegs auf den Fuchs zu. Der war für drei Augenblicke verblüfft, aber dann erwischte er Hinkelhühnchen am Schwanz – schnapp!

Hinkelhühnchen war gefangen. „Ich bin ein Pfau!" piepste es. Da legte der Fuchs Hinkelhühnchen die Pfote auf den Kopf. „Pfau oder Butterblume, du bist mein Frühstück!"

Im allerletzten Augenblick kam Hinkelhühnchen endlich wieder zur Vernunft. Es schrie und zerrte, riß sich los und flatterte ungeschickt über die Wiese. Der Fuchs guckte dumm und hatte Hinkelhühnchens blaugetupften, blaugestreiften Federschwanz in der Schnauze.

„Hilfe! Oh! Oh!“ Hinkelhühnchen rannte durchs Brombeergestrüpp am Igel vorbei. „Der Fuchs...Fuchs...Fuchs!“

Hinkelhühnchen lief durch Hecken und Zweige, und als es endlich ganz außer Atem auf der Rappelpappelwiese angekommen war, war es nackt und hatte alle Federn verloren.

„Oh! Kik!“ krähte der Hahn erschrocken. Die Kücken aber hielten sich ihre Flügel vor die Augen und kicherten. Die Krähe vom Waldweg lachte so laut, daß sie beinahe in den Bach gerollt wäre. Überhaupt – jeder lachte auf seine Weise. Hinkelhühnchen aber ließ den Kopf hängen und versteckte sich in der hohlen Weide.

Hinkelhühnchen blieb lange Zeit dort sitzen und fraß nur die Schnecken und Würmer, die gerade vorbeikamen. Aber eines Tages kniff Hinkelhühnchen der Hunger so sehr, daß es nicht mehr anders konnte. Es lief aus der hohlen Weide heraus auf die Rappelpappelwiese hinüber.

„Wer bist du? Wer bist du?“ gakelten die Hühner aufgeregt.

„Wer ist sie? Wer ist sie?“ piepsten die Kücken.

„Ja, wer bist du eigentlich?“ fragte der Hahn. „Wir kennen dich nicht!“

Da spiegelte sich Hinkelhühnchen in einer Pfütze.

Tatsächlich! Es sah ihm ein Hühnchen entgegen – ein Hühnchen wie jedes andere –, kein Hinkelhühnchen mehr und auch kein Pfau.

Da summte Hinkelhühnchen ein Lied, lief auf die Wiese und zeigte den Kücken, wie man die frechen Brummfliegen fängt.

Wie der Grauwolf vom Hasen eins auf die Nase bekam

An jedem Morgen trottete der Grauwolf durch den Rappelpappelwald.

An jedem Morgen blieb er vor dem Haus des Hasen stehen, donnerte mit der Pfote gegen die Tür und lachte höhnisch. „Komm heraus, Hase, ich will dich jagen – sieben mal siebenmal über Täler und Hügel!“

Da duckte sich der Hase ängstlich in die dunkelste Ecke seines Hauses.

An diesem Morgen aber nahm der Wolf einen gewaltigen Anlauf, rannte mit dem Kopf gegen das leichte Hasenhaus, daß es gleich in Stücke zersprang.

Da schlüpfte der Hase schnell in sein Bett und zog sich die Decke bis zur Nasenspitze.

„Es nützt dir nichts!“ lachte der Wolf hämisch und schlug mit einem Schlag auch das Hasenbett entzwei.

Da versteckte sich der Hase hinter seinen sieben Kohlköpfen. Umsonst! Der Wolf blies in das Kohlfeld, und die Kohlköpfe rollten davon.

Da floh der Hase – der Wolf hinterher – sieben mal siebenmal über Täler und Hügel.

Am Seeufer fand der Hase ein umgekipptes Boot und versteckte sich darunter. Er saß still wie eine Maus, und der Wolf lief vorbei. Der Hase hechelte sich beinahe die Lunge aus dem Leibe und dachte: Jetzt muß ich etwas ändern! Die Hetzerei bringt mich sonst um!

Der Hase spähte unter dem Boot hervor und knabberte nachdenklich an der Pfote. Nach sieben Augenblicken fiel ihm etwas ein. Er rannte zum Dornengestrüpp, biß hastig Zweig um Zweig ab und schleppte sie vorsichtig hinter einen Busch.

Wenn das nur gut geht, dachte der Hase, und schon zuckten ihm wieder die Ohren vor Angst. Aber Zeit zum Nachdenken blieb ihm nicht, denn da kam der Wolf schon zurückgehetzt. Vor dem Busch blieb er stehen und hob die Nase in die Luft.

„Es riecht… nach Hase riecht es!"

„Hier ist aber kein Hase!" rief der Hase mit verstellter Stimme. „Hier ist nur ein Nest voller Hasenschlangen!"

„Mich legst du noch lange nicht herein!" Der Wolf nahm einen Anlauf und sprang über den Busch – plumps – hinein in die Dornenzweige. Die bissen und stachen und pikten den Wolf in den Schwanz, in die Nase, in den Bauch und sonstwohin.

Der Wolf heulte und rannte über die sieben Hügel und durch die sieben Täler, als hätte sich ein Sommergewitter an seinen Schwanz gehängt.

Immer, wenn der Wolf am Busch vorbeiraste, kicherte der Hase und verlor ein Stückchen Angst nach dem anderen. „Dem habe ich einen Denkzettel gegeben! Der wird mich nie mehr jagen!"

Denkst du!

Als das Stechen und Beißen aufgehört hatten, war der Wolf so zornig auf den Hasen, daß seine Augen rot wie Feuer glühten. Er raste durch den Rappelpappelwald und suchte überall nach dem Langohr.

„Komm in meine Höhle!" rief das Flitzkaninchen dem Hasen zu. „Dort findet dich der Wolf nie!" – aber der Hase paßte nicht durch die Kaninchentür.

Schon hörte der Hase den Wolf hecheln. Und weil die Angst manchmal selbst einem Hasen Flügel verleiht, sprang er auf den dicken Ast der alten Eiche, duckte sich und blieb dort sitzen. Der Wolf aber sah vor Zorn den Himmel nicht und schnüffelte nur um Busch und Ecken und fand nicht, was er suchte.

Als der Morgen kam, waren dem Hasen die Beine lahm geworden, denn ein knorriger Eichenast ist kein weiches Nachtlager. Da schleppte er dürres Gras und Stroh zusammen und polsterte den Eichenast, bis er weich war wie ein Finkennest.

Kaum war der Hase mit der Arbeit fertig, kam der Wolf vorbei und hob seine Nase in die Luft. „Es riecht nach Hase!“ rief er, sah zur Eiche hinauf und entdeckte das Strohlager. „Komm herunter, ich will dich jagen, sieben mal siebenmal über Täler und Hügel!“

Da nahm der Hase allen Mut zusammen. „Geh zur Seite, Wolf, ich werfe zuerst das Stroh herunter, sonst breche ich mir beim Springen den Hals, und aus ist es mit der Jagd!“

Das sah der Wolf ein, hockte sich ein Stück neben den Stamm und wartete. Der Hase wickelte sich fest in das Stroh und ließ sich in das Moos fallen. Dann schlich er sich heimlich davon. Der Wolf indessen hockte im Moos und dachte: Da liegt das Stroh, aber wann kommt der Hase?

Als der Hase den Wolf so dumm dasitzen sah, machte er ihm eine lange Nase und rief: „Ätsch!“ Das hätte er nicht tun sollen, denn gleich hetzte der Wolf heran und hätte den Hasen beinahe am Schwanz erwischt.

Da sah der Hase im hohlen Weidenstamm ein Nest der wilden Bienen. Er hockte sich hinter den Stamm, stopfte sich beide Pfoten in die Nasenlöcher und näselte: „Wolf, jetzt sitze ich in der hohlen Weide und bin sicher vor dir!“

„Dummkopf! Ich kratze dich heraus!“ brüllte der Wolf, und gleich steckte er beide Vorderpfoten in den hohlen Weidenstamm und begann zu kratzen. Da summte ihm eine böse Bienenwolke um den Kopf, kroch mit tausend Bienenbeinen in seinen Pelz, und die Bienen stachen ihn, wo sie nur ein Fleckchen Wolf fanden.

Da heulte der Wolf, als hätte er die glühende Sonne verschluckt, und raste über die sieben Hügel und durch die sieben Täler bis zum Unkensee. Aber weil die Bienen immer noch nicht von ihm ablassen wollten, stürzte sich der Wolf schließlich in das Wasser, tauchte und erreichte mühsam das andere Ufer. Dort leckte er seine Bienenbeulen und jammerte, bis der Mond über die sieben Hügel geschwommen kam.

Der Hase aber saß am anderen Ufer und rief frech: „Wenn du wieder zurückkommst, wird es dir siebenmal schlechter ergehen!“

Da maulte der Wolf: „Bleib du, wo du bist! Ich suche mir einen anderen Wald, wo es noch Hasen gibt, die Angst vor einem Wolf haben!“

Seitdem bewundern die Tiere im Rappelpappelwald den Hasen, und die Mäuse und Kaninchen würden sicher den Hut vor ihm ziehen, wenn sie einen auf hätten.

Wie sich Fufu, das Faultier, in den Rappelpappelwald verirrte

Am anderen Ende der Welt, weit, weit fort von uns, gibt es einen unendlich großen, mächtigen Wald. Da klettern die Affen in den Bäumen herum, und die Krokodile liegen träge im heißen Ufersand der Flüsse. Zwischen den Bäumen flattern Vögel, die sind bunter als Blumen, haben krumme und gerade Schnäbel und fressen Bananen und Pfeffer. Die Schmetterlinge sind so groß wie die Krähen im Rappelpappelwald.

In diesem fernen Wald leben auch Tiere, die sind so faul, daß sie tagein, tagaus mit dem Kopf nach unten an irgendeinem Ast baumeln, weil ihnen so die Augen von allein zufallen. Es macht ihnen selbst viel zuviel Mühe „Guten Tag" zu sagen – und so werden sie von Jahr zu Jahr unfreundlicher.

Eines Tages wurde in diesem fernen, unendlichen Wald ein kleines Faultier geboren, das hatte ein blaues Schwänzchen. Aber die Faultiere ringsumher waren viel zu faul, um es überhaupt zu bemerken.

„Wie heiße ich?" fragte das kleine Faultier gleich.

„Faultiere heißen nie!" brummte das graue Faultier, das am Ast nebenan kopfunter baumelte.

„Warum heißen Faultiere nie?"

„Weil es viel zu unbequem ist, sich den Namen zu merken!"

„Ich heiße aber doch!" Das kleine Faultier mit dem blauen Schwänzchen schaukelte eine Weile an seinem Ast hin und her. „Ich heiße Fufu. Merkt euch das!"

Da klappten alle Faultiere ihr linkes Auge auf und sahen Fufu mißtrauisch an. Fufu aber gefiel das Leben jeden Tag besser. Morgens erfand es einen kleinen Spaß, mittags eine kleine Freude, und abends dachte es sich ein Lied aus.

Eines Tages begann Fufu zu hüpfen – aus reiner Freude am Leben. Hinauf auf den Baum – hinüber zum nächsten – hinunter ins Gras – hinauf auf den Baum! Da wendeten alle Faultiere den Kopf von Fufu ab, und niemand sprach mehr mit ihm. Das graue Faultier, das schon zehn Jahre am gleichen Ast hing, seufzte: „Dieses Fufu ist vollkommen mißraten!"

Fufu aber hüpfte weiter und sah jeden Tag ein Stückchen mehr von der Welt, wurde dabei klüger und immer weniger faul – und sagte zu jedermann „Guten Tag", was bei einem Faultier eine ganz außerordentliche Ausnahme ist.

Da beschlossen die Faultiere, nie mehr ein Wort mit Fufu zu sprechen. Aber Fufu hatte

längst andere Freunde, es hüpfte mit den Affen und den Vögeln von Ast zu Ast und spielte mit dem freundlichen Wasserschwein, das im Bambusdickicht wohnte.

Jetzt beschlossen die faulen Faultiere, Fufu aus dem unendlichen Wald zu vertreiben. „Wo kommen wir hin, wenn wir das durchgehen lassen", brummte das graue Faultier. „Eines Tages verlangt die Welt von uns, daß wir alle wie dieses Fufu werden. Hüpfen und freundlich sein – iiii! Das wäre das Ende der Faulheit aller Faultiere!"

Eines Nachts, als Fufus Freunde, die Affen, die bunten Vögel und das kleine Bambuswasserschwein, schliefen, jagte die faule Faultiersippe Fufu aus dem unendlichen Wald. Sie kratzten es mit ihren scharfen Krallen und zeigten ihre Zähne. Fufu aber hüpfte erschreckt von einem Ast zum anderen. Aber als das unheimliche Fauchen und Kratzen nicht aufhören wollte, tat Fufu einen so gewaltigen Hüpfer, daß es erst nach 2744 Augenblicken in einem ganz fremden Wald landete – und das war der Rappelpappelwald.

Einen ganzen Tag und eine ganze Nacht – und noch einen Tag und noch eine Nacht staunten die Tiere über den seltsamen Fremdling, der an einem Ast der Eiche kopfunter hing und schnarchte. Am dritten Tag klappte Fufu seine Augen auf, blinzelte alle nacheinander freundlich an und lachte. „Hallo, wie geht es euch! Ich bin Fufu! Sind die Kinder gesund? Kann ich euch helfen? Ich kann nämlich fabelhaft hüpfen!“

Und gleich hüpfte Fufu hinauf auf den wilden Apfelbaum und warf den Tieren, die unten zusammenstanden, Äpfel ins Gras.

„Was ist das für ein freundlicher und netter Rundkopf!“ grunzte das Wildschwein. „Du kannst bei uns bleiben. Willst du auf der Eiche wohnen?“

„Danke – ich will!“ Fufu hüpfte wieder auf die Eiche, hängte sich kopfunter an einen Ast und schaukelte hin und her, daß dem Igel ganz schwindlig wurde.

Es dauerte nicht lange, da war jedermann im Rappelpappelwald Fufus Freund. Das dicke, borstige Wildschwein lernte sogar das Hüpfen und konnte sich jetzt die Eicheln taufrisch von den Ästen abpflücken.

Und wenn Fufu abends in der Eiche hockte und sein Abendlied sang, sangen alle Tiere mit, sogar die Abendeule. Am liebsten aber sangen alle das Lied von der Tickeltackeltaschenuhr.

Nur der Fuchs mochte die ganze Singerei nicht und hielt sich die Ohren zu, aber was hatte das schon zu bedeuten.

Da wurde es im Rappelpappelwald fröhlicher von Tag zu Tag. Und in Fufus Kopf reiften die Einfälle wie im Sommer die Knupperkirschen am Baum. Wer gerade Zeit hatte und noch ein bißchen Geschick dazu, lernte von Fufu das Hüpfen.

Hinauf auf die Bäume –
hinunter ins Gras –
hinüber über den Ginsterbusch –
und aus lauter Übermut über den Waldteich – plumps!

„Wir eröffnen einen Zirkus!“ rief das Flitzkaninchen eines Abends und lispelte vor Aufregung. „Und wir nehmen von jedem eine Mohrrübe als Eintritt!“

„Besser Zuckerrüben und Quetschkartoffeln!“ schmatzte das Wildschwein. „Die sind nahrhafter!“

„Untersteht euch!“ Die Abendeule hüstelte, klappte ihre goldenen Augen vorwurfsvoll auf und zu und nickte mit den Federohren.

„Dann kommt die halbe Welt in den Rappelpappelwald gelaufen und gefahren – und es knattert und hupt und pufft und stinkt – und bald ist alles nur noch ein Trampelplatz. Ich warne euch!“

„Da ist was dran – quaak!“ quakte der Frosch. „Ich erinnere euch nur an das Gerümpel in meinem Teich! Quaak!“ Und alle, die das hörten, nickten Beifall.

Und deshalb weiß heute auch niemand auf der Welt, daß im Rappelpappelwald ein kleines fröhliches Faultier wohnt, das Fufu heißt und am liebsten das Lied von der Tickeltackeltaschenuhr singt, wenn abends der dicke Mond hinter den Eichen aufgeht.

Das Flitzkaninchen mit dem Regenschirm

Das Flitzkaninchen aus dem Rappelpappelwald war rundherum neugierig. Manchmal staunte es tagelang über einen Kieselstein, und manchmal fiel dem Kaninchen auch ein anderer Unsinn ein.

An so einem neugierigen Tag fand das Flitzkaninchen am Waldrand einen ausgedienten Regenschirm. Und obgleich die Sonne gelbe Sonnenflecken auf den Waldweg malte und die Bienen ihr Mittagslied summten, spannte das Kaninchen den Regenschirm auf und ging darunter spazieren. „Ludi-ludi-rallala!" sang es.

Das hörte das Wildschwein und wurde auch neugierig. „Immer muß dieses Kaninchen eine Extrawurst haben!" grunzte es neidisch. Und obgleich es am hellen Tag lieber faul in einer dämmrigen Suhle lag, marschierte das Wildschwein doch los, um sich auch irgendeine Absonderlichkeit zu suchen.

In der Kiesgrube fand das Wildschwein ein altes Sofa. Fragt nicht, wie das Wildschwein das alte Sofa in den Wald geschleppt hat! Jedenfalls stand das Sofa am nächsten Morgen unter der Rotbuche, und das fette, tolpatschige Wildschwein wälzte sich auf dem zerrissenen Veilchenbezug und brummte: „Ludi-ludi-rallala!" Die Sofafedern quietschten dazu, und alle Holzteile knarrten.

Darüber ärgerte sich der Igel, der gerade vorbeikam. „Hat das Kaninchen einen Regenschirm und das Wildschwein ein Quietschsofa, will ich auch so eine Absonderlichkeit haben!" Er suchte drei Tage lang, bis er einen zerbeulten Kochtopf fand. Den setzte er sich auf den Kopf, trippelte über die Waldwiese und sang: „Ludi-ludi-rallala!", obgleich ihn der Kochtopf drückte und ihm immer über die Augen rutschte.

„Hat das Kaninchen einen Regenschirm, das Wildschwein ein Quietschsofa, der Igel einen Kochtopfhut, will ich mir auch so etwas suchen", sagte der Hase und fand schließlich einen zerschlissenen, rosagetupften Lampenschirm. Den zog er sich über den Bauch wie einen Ballettrock. Auf dem Waldweg stolperte er links und fiel nach rechts und hinkte ein Stück geradeaus, aber er sang: „Ludi-ludi-rallala!"

„Was muß das für ein Spaß sein, solche verrückten Dinge zu haben“, dachten die anderen Tiere. Es dauerte kaum von einem Donnerstag zum anderen, da hatte jeder im Rappelpappelwald eine kleine Absonderlichkeit. Der Rothirsch zerrte einen verrosteten Kinderwagen über die Wiese, die Krähe schleppte eine zerrissene Einkaufstasche herum, und selbst die Maus hatte sich einen Fingerhut auf den Kopf gestülpt.

Wer weiß, wo sie den gefunden hatte!

Jetzt hörte man es von morgens bis abends, selbst in der Nacht, stöhnen und ächzen, aber jeder im Rappelpappelwald sang: „Ludi-ludi-rallala!“ und tat sehr fröhlich, wenn ihm jemand begegnete. Am lautesten sang das Wildschwein, obgleich es sich immerzu seinen Ringelschwanz im alten Sofa einklemmte.

Da, wo noch vor Wochen die wilden Heckenrosen geblüht hatten, rot und rosa, standen jetzt der verrostete Kinderwagen und der Regenschirm. Gleich daneben lag das zerbeulte Wasserfaß, in dem sich der Dachs eingerichtet hatte, und rostete still vor sich hin.

Plötzlich fiel es dem Hasen wie Schuppen von den Augen, und er hielt sich die Nase zu. Aber weil noch jeder sein „Ludi-ludi-rallala!“ durch den Wald sang, hatte der Hase nicht den Mut, die Wahrheit laut zu sagen. Von Tag zu Tag wurde die Unordnung im Rappelpappelwald schlimmer. Man konnte nicht mehr vom Brombeerstrauch zum Bach laufen, ohne über irgendein Gerümpel zu stolpern. Es gab auch niemanden mehr im ganzen Rappelpappelwald, der nicht eine Beule oder eine Schramme hatte – aber immer noch sangen alle: „Ludi-ludi-rallala!“ und gaben sich fröhlich und zufrieden.

Da wachte eines Morgens der Siebenschläfer auf, der den ganzen Winter und fast den halben Frühling geschlafen hatte. Er rieb sich die Augen und rief: „Hilfe! Man hat mich im Schlaf verschleppt!“ – „Warum?“ fragte das Flitzkaninchen neugierig.

„Ich bin im Rappelpappelwald eingeschlafen und auf einem Müllplatz aufgewacht – darum!“

Da kletterte der Siebenschläfer auf den Holunderbusch, sah sich um und seufzte.

„Das ist jetzt Mode.“ Das Flitzkaninchen spannte seinen Regenschirm auf und sang: „Ludi-ludi-rallala!“

Gleich plärrte die Elster: „Ludi-ludi-rallala!“ Und das Wildschwein grunzte: „Ludi-ludi-rallala!“ und hüpfte auf seinem Sofa auf und ab, daß die Federn kreischten.

Der Siebenschläfer schüttelte den Kopf. „Einer verrückter als der andere – und am verrücktesten der fette Plumpsack auf der Quietschkomode!“

„Meinst du mich?“ fragte das Wildschwein verdutzt.

„Genau!“

Da machte das Wildschwein ein so dummes Gesicht, daß der Hase lachen mußte. Zuerst kicherte er hinter der vorgehaltenen Pfote, aber dann schüttelte ihn das Lachen. Er stolperte über seinen Lampenschirm und fiel auf den Rücken.

Da steckte das Lachen auch den Igel an. Schließlich lachte es überall – in den Kronen der Bäume, im Brombeergestrüpp und in der alten Kiesgrube. Jeder lachte den anderen aus – aber am Ende lachte er auch über sich selbst.

Das Kaninchen warf den alten, verbogenen Regenschirm auf den Gerümpelplatz. Das Wildschwein zerrte sein Quietschsofa hinterher, und der Hase kullerte den rosagetupften Lampenschirm.

Es dauerte drei Tage, bis der Rappelpappelwald wieder wie der Rappelpappelwald aussah.

Und doch – drei Wochen später biß das Flitzkaninchen zwei Löcher in ein Huflattichblatt. Es machte sich eine Brille daraus und sang: „Rikke-rakke-rum-tum-tum!“

Niemand kümmerte sich um das verrückte Flitzkaninchen.

Oder doch? Jedenfalls konnte man am Abend die Maus beobachten, wie sie Löcher in ein Kleeblatt nagte und sich das Blatt auf die Nase setzte.

Aber hatte das wirklich etwas zu bedeuten?

Wie der Grauwolf über die sieben Birkenhügel flog

An einem nebelkalten, regentrüben Novembertag schlich der abgemagerte Grauwolf in den Rappelpappelwald zurück. Der Wind pustete ihm die Flusen stückweise aus dem Fell. Die Rippen standen wie ein Waschbrett rechts und links – so fand ihn der Hahn.

Gleich wollte der Hahn auf den Rappelpappelhügel fliegen, um die Neuigkeit in die Welt zu krähen, da stöhnte der Grauwolf entsetzlich und brach am Stamm der dicken Eiche zusammen, schielte aber heimlich hinter der Pfote zum Hahn hinüber.

„Jetzt ist der Wolf ein toter Wolf!" Der Hahn trippelte aufgeregt zur Eiche hinüber und zupfte mit dem Schnabel am Schwanz des Wolfes, um auszuprobieren, ob er auch wirklich mausetot war. Der Wolf bewegte keine Pfote – nur ein Büschel Wolfshaare blieb im Schnabel des Hahnes hängen.

„Kikerikie!" krähte der Hahn. „Der Grauwolf ist tot!"

„Hahn, du irrst dich!" schnatterte die Ente. „Er blinzelt noch!"

„Halbtot und krank!" flüsterte der Grauwolf mit einer Stimme, die selbst der schnattrigen Ente ans Herz griff.

Da flog der Hahn bis auf den Kronenast der Eiche und krähte lauthals: „Der Wolf ist halbtot! Der Grauwolf ist halbtot und krank dazu!" Weil nun die meisten Tiere im Rappelpappelwald noch nie einem halbtoten Wolf begegnet waren, kamen sie neugierig gelaufen und versteckten sich zuerst hinter Büschen und Grasstauden. Als sie aber merkten, daß der Grauwolf nur ab und zu das eine oder das andere Auge öffnete, kamen sie näher und näher. Schließlich hob der Hase eine Pfote des Wolfes und ließ sie fallen. „Halbtot und ungefährlich! Warum also unsere Vorsicht?"

„Das sage ich ja!" krähte der Hahn. „Das ist ja meine Meinung!"

Nach einer Weile, als sich alle ausgestaunt hatten, kullerte ein kleiner Hasenjunge, der noch nicht viel von der Welt wußte, dem Grauwolf eine rohe Kartoffel vor die Schnauze. „Du mußt fressen, dann kannst du wieder laufen!"

Da öffnete der Wolf langsam seine Schnauze und fraß noch langsamer die rohe Kartoffel.

„Da sieht man es!“ rief das Flitzkaninchen. „Was es doch für dumme Gerüchte über Wölfe gibt! Dieser hier frißt rohe Kartoffeln wie unsereins!“ Gleich holte das Flitzkaninchen aus seiner Vorratshöhle eine Mohrrübe – und auch die schlang der Grauwolf hinunter.

„Das Flitzkaninchen hat ein gutes Herz!“ flüsterte der Igel gerührt – und damit begann es.

Alles, was im Rappelpappelwald Beine, Pfoten, Tatzen und Flügel hatte, brachte dem Wolf etwas zur Stärkung – und der Wolf schlang alles hinunter, als hätte er keinen Magen, sondern einen leeren Sack als Bauch. Und wenn es ihn auch ekelte, soviel Grünzeug zu fressen – er kniff die Augen zusammen und ließ es sich nicht anmerken.

So vergingen eine Woche, ein Monat und schließlich selbst der Winter. Der Wolf ließ sich von den Tieren verwöhnen und tat wie ein krankes Lämmchen. Als aber der Frühling da war, fehlten hier und da Eier in den Nestern. Jedermann verdächtigte gleich den Fuchs und niemand den Grauwolf. Der Wolf aber wandelte sich. Sein Fell saß ihm fest und blank auf den Rippen, seine Nase glänzte, und seine Augen funkelten in der Dunkelheit wie zwei grüne Laternen.

An einem Mittwoch lief der Grauwolf zum Hahn und flüsterte hinter vorgehaltener Pfote: „Ganz im Vertrauen, Hahn, der Hase will deine weiße Henne heiraten!"

Weil die Weiße die schönste Henne aus dem Hühnervolk war, flog der Hahn, ohne nachzudenken, zum Hasen, hackte ihn mit dem Schnabel, schlug ihn mit den Flügeln und krakelte, daß man es bis zum Bach hören konnte.

Der Grauwolf lief indessen zum Igel. „Das Flitzkaninchen will ab heute nur noch Igelkinder fressen – und es hat bestimmt schon damit angefangen!" Sofort zählte der Igel seine Kinder, aber weil er so aufgeregt war, verzählte er sich. Er sträubte die Stacheln, rannte zum Flitzkaninchen und knurrte und fauchte und schimpfte so laut, daß man den Krakeel bis zum Bach hören konnte.

Der Grauwolf schlich an der alten Eiche vorbei. „Weißt du es schon, Abendeule? Das Wildschwein hat beschlossen, die Eiche auszugraben. Heute mittag fängt es damit an!"

Weil nun der Frühlingswind gerade die Eichenäste schüttelte, glaubte es die Abendeule und flog zum Wildschwein. Die beiden machten einen so großen Spektakel, daß man es durch den ganzen Rappelpappelwald hören konnte.

„Die Welt geht unter!" kreischte die Ente, flog auf den Rappelpappelhügel und schnatterte dort für zehn herum.

Da geriet der ganze Rappelpappelwald durcheinander. Jeder stritt mit jedem, und bald wußte keiner mehr, wo ihm der Kopf stand. Und dieser und jener tat allerlei Dummes. Am Abend schliefen die Tiere ein, wo sie gerade waren – erschöpft und böse und ganz und gar unglücklich.

Jetzt begann der Grauwolf im trüben zu fischen. Er stahl hier und dort, was er gerade brauchte, und fraß sich einen Wanst an, daß man ihn für einen Bären halten konnte.

Eines Tages, als der Streit im Rappelpappelwald so weit gekommen war, daß der Igel in der Regentonne schlief – und der Maulwurf im leeren Krähennest wohnte, entdeckte der Hahn, daß kein einziges Ei im Hühnerstall war.

„Ihr faulen Hennen!“ krähte er empört. „Vergakelt den ganzen Tag und legt kein einziges Ei. Wenn das so weitergeht, werden wir in diesem Jahr kein einziges Kücken haben – ihr Schluderhennen!“

„Plustert sich auf und verschenkt unsere Eier an den Wolf! Das stört uns schon lange!“ gakelten die Hennen empört und hackten auf den Hahn ein, daß die Federn flogen.

Weil der Hahn aber seine Federn liebte, kam er schnell zu Verstand, schlich leise durch den Rappelpappelwald und beobachtete den Wolf hier und da bei einer dunklen Gemeinheit.

Der Hahn wäre nicht der Hahn gewesen, wenn er es nicht gleich allen erzählt hätte, aber niemand glaubte es ihm. Das Flitzkaninchen hob sogar predigend die Pfote. „Haben wir nicht alle zusammen den ganzen Winter über erfahren, was das für ein bescheidener, hilfsbereiter, freundlicher Wolf ist! Wie kannst du so von ihm reden! Pfui – du bist gemein!“

Aber wie es so geht – als der Ganter keine Güssel führen konnte, weil jemand den Gänsen jedes Ei aus dem Brutnest stahl, tat sich der Ganter mit dem Hahn zusammen – und die beiden fanden bald heraus, was es mit dem Wolf wirklich auf sich hatte.

Auch der Zaunkönig wußte es, er wußte es schon lange, aber jetzt erst traute er sich, darüber zu sprechen.

Schließlich wurden die Räubereien des Wolfes überall bekannt, und die Tiere entdeckten plötzlich die Zähne des Wolfes. Da hörten sie endlich auf zu streiten, bekamen Angst vor dem grauen Räuber und versteckten sich vorsichtshalber.

„Ich habe die Schurkereien des Grauwolfs zuerst entdeckt!“ krähte der Hahn. „Und deshalb sage ich es euch auch – er muß weg – er muß weg!“

Gleich flitzten die Kaninchen in ihre Höhle, weil sie Angst bekamen, wenn sie nur das Wort Wolf hörten – und die Mäuse und Eichhörnchen auch. Die Vögel aber versammelten sich auf dem Kronenast der Eiche, denn dort waren sie sicher vor dem Wolf. Sie schilpten und piepten und krächzten, bis der Mond am Himmel stand.

Am nächsten Tag geschah im Rappelpappelwald etwas Ungeheuerliches. Der Hahn stolzierte zum Grauwolf und sagte untertänig: „Du bist ein großer Herr geworden, hast Macht über die Tiere im Rappelpappelwald, und alle fürchten dich. Aber eines fehlt dir noch!“

„Was soll denn das sein?“ fragte der Grauwolf hochmütig.

„Du kannst nicht fliegen!“

„Er kann nicht fliegen! Er kann nicht fliegen!“ schilpten die Vögel von allen Bäumen.

„Ich will aber fliegen!“ Der Grauwolf fauchte den Hahn an. „Und wenn du mir nicht das Fliegen beibringst, fresse ich dich!“

„Du sollst fliegen und brauchst nicht einmal eine Pfote zu rühren!“ sagte der Hahn untertänig. Da fühlte sich der Grauwolf geschmeichelt. Der Hahn reckte sich und krähte. Da kamen die Vögel von den Bäumen und Sträuchern und aus den Hecken angeflogen, packten mit ihren Schnäbeln ein Stück vom Wolf – das Ohr, den Schwanz, die Pfoten oder auch nur ein Büschel Fell.

Sie flogen mit dem Wolf hoch in die Luft, durch die Wolken und so nahe an der Sonne vorbei, daß der Wolf mit den Augen blinzelte und Ohrensausen bekam. Er ruderte wie wild mit den Pfoten. Da packte jeder mit dem Schnabel noch fester zu. Das kniff und zwickte und riß.

„Laßt mich los! Das tut doch weh!“ rief der Wolf verwirrt. Und die Vögel nahmen den Grauwolf beim Wort, öffneten die Schnäbel – und der Wolf fiel kopfunter, schwanzoben in eine Wüste. Da stand er nun und sah der dunklen Vogelwolke nach, die zum Rappelpappelwald zurückflog.

Seitdem geht es wieder ganz manierlich zu zwischen den sieben Hügeln im Rappelpappelwald.

Und der Wolf? Wer weiß!

Das Kätzchen mit dem Sonnenfleck

Als noch die Frühlingspfützen auf den Waldwegen standen und hier und da noch ein schmutziger Schneerest taute, kam ein Kätzchen in den Rappelpappelwald, das niemand kannte.

Zuerst begegnete es dem Hasen. Der suchte gerade auf der Wiese, ob der Löwenzahn schon frische Blätter trieb. Er war so eifrig, daß er das Kätzchen erst sah, als es vor ihm stand.

Erschreckt sprang der Hase einen Hopser weit zurück. Da lächelte das Kätzchen und sagte freundlich: „Guten Tag!" Es setzte sich in das Gras und legte zierlich den Schwanz um die Pfoten.

Da schien es plötzlich wärmer zu werden. Die grünen Gräser richteten sich auf, und man konnte den Löwenzahn wachsen sehen. Der Hase faßte sich ein Herz, lächelte zurück, zupfte hier und da ein Blatt und schwatzte mit dem freundlichen Kätzchen.

So gegen Mittag ging das Kätzchen weiter. Der Hase sah ihm nach. Was ist das für ein Kätzchen, dachte er, seitdem es da ist, ist die Welt ein Stückchen schöner geworden. Kommt das nun von dem gelben Fleck auf dem Katzenfell oder von seiner Freundlichkeit?

Das Kätzchen aber kletterte auf die Rappelpappel und legte sich in eine Astgabel. Gleich kreischte die schwarze Amsel erschreckt auf und breitete beide Flügel aus, um ihr Nest zu schützen. Das Kätzchen aber lächelte und fragte: „Sind die Kinder schon ausgeschlüpft?"

Da wurde es warm und hell im Baum, und die Knospen sprangen auf. Gleich schlüpften auch die jungen Amseln aus den Eiern. Das Kätzchen aber ging zum Bach.

„So ein Kätzchen habe ich mein Lebtag noch nicht gesehen!“ rief die Amsel, und gleich erzählte sie alles den Meisen.

Da, wo der Bach eine Schleife hat, war das Wasser immer noch unter einer Eishaut gefangen, und die Frösche stießen sich ihre Nasen daran. Das Kätzchen setzte sich an das Ufer und winkte den Fröschen mit der Pfote zu. Schlupp – versteckten sich die Frösche im Modergrund des Baches und sahen nur verstohlen zu dem Kätzchen hinauf. Das Kätzchen aber zwinkerte ihnen zu. Gleich schmolz das Eis, das Wasser wurde frühlingswarm, und die Seerosen entfalteten ihre Blüten.

„Bist du der Frühling?“ quakten die Frösche.

„Jeder, der freundlich ist, bringt ein Stück Frühling in die Welt!“ schnurrte das Kätzchen und setzte sich in das Wollgras auf dem Hügel. Da wuchsen der alten Weide tausend Kätzchen, und das Wollgras schob seine weißen Blütenköpfe in den Wind.

Das ärgerte den Winterwind, der noch immer versteckt zwischen den Weiden gehockt hatte. Das Kätzchen ging ihm freundlich lächelnd entgegen, der Winterwind aber kam böse herangepfiffen und blies ihm mit seinem eiskalten Hauch ins Gesicht, bis das Kätzchen Rauhreif im Bart hatte.

„Wenn du pustest, puste ich zurück!“ rief es, schloß die graugrünen Augen und pustete dem Winterwind entgegen. Da blieb der Winterwind vor Staunen in den Weidenzweigen hängen –, aber dann wirbelte er bis zu den Wolken hinauf – und kam als lauer Frühlingswind zurück, freundlich und sanft.

„Na, siehst du!“ rief das Kätzchen. „Jetzt gefällst du mir!“

Weil der Frühlingswind aber noch nicht so recht wußte, was er zu tun hatte, strich er mit dem Kätzchen über die Wiese. Das Kätzchen kletterte auf den alten, knorrigen, wilden Kirschbaum. Da blühten die kahlen Zweige rot und gelb und weiß, mit sechserlei Blüten an einem einzigen Baum.

„Was bist du nur für ein Kätzchen?“ staunte der Wind, setzte sich auf einen Blütenast und schaukelte.

Im Wald sprach es sich herum, daß auf dem wilden Kirschbaum ein Kätzchen mit einem gelben Fleck auf der Stirn wohnte, das einem das Herz warm machte, wenn man ihm begegnete.

Da flüsterte die Drossel dem Hasen zu: „Es gibt viele böse Katzen – graue, schwarze und gestreifte, aber auch eine ganz andere, mit einem gelben Fleck auf der Stirn!“

„Es bleibt trotzdem seltsam“, meinte der Hase.

Der Paukengrobian

Im Rappelpappelwald wohnte auch einmal ein Schwarzbär, der war ein Grobian und ein Krakeeler dazu.

Eines Tages rumpelte ein Zirkus durch den Wald. Am letzten Wagen hing eine große rote Pauke.

Die muß ich haben, dachte der Bär, die macht Krach für zehn.

Hinter der uralten Eiche lauerte er dem Wagen auf, schlug mit der Tatze die Pauke herunter und hängte sie sich um. Gleich begann er mit beiden Tatzen zu pauken.

Der Bär paukte so fürchterlich, daß die unreifen Eicheln von den Zweigen fielen und der Igel am hellichten Mittag aufwachte. „Warum paukst du so fürchterlich?" fragte er. „Ist Feuer im Wald?"

Der Paukenbär lachte nur und marschierte zu den sieben Birkenhügeln. Der Igel trippelte aufgeregt hinterher und rief: „Hör doch auf mit der lauten Paukerei!" Aber der Paukenbär kümmerte sich nicht darum. Er schlug so gewaltig auf die Pauke, daß das Wildschwein glaubte, der Mond wäre in den Sumpf gepoltert.

„Oder war es nur ein Erdbeben?" grunzte das Wildschwein verwirrt.

Da marschierte der Paukenbär vorbei und lachte. Nun rannten das Wildschwein und der Igel zusammen dem Schwarzbären nach und schimpften. Aber der Bär hörte die beiden nicht, er schlug mit seinen Tatzen so gewaltig auf das Paukenfell, daß das Eichhörnchen aus der Buche auf die Pauke plumpste – bums!

Da drohte das Eichhörnchen mit der Pfote und lief hinter dem Igel und dem Wildschwein her, aber der Bär scherte sich nicht darum, paukte und krakeelte immer noch lauter.

So ging es hügelauf und hügelab, hügelauf, hügelab. Die Hasen und Rehe kamen gelaufen, die Kaninchen, die Rebhühner und die Hirsche und schließlich der Dachs und alle Käfer und Mäuse – und alle schimpften hinter dem Grobian her. Doch der Paukenkrach war lauter als alle Tiere zusammen.

Auf dem Hügel am See blieb der Bär stehen. Er hörte für drei Herzschläge lang auf zu pauken. Da schwirrte ihm die Empörung der Tiere wie ein aufgescheuchter Hornissenschwarm um die Ohren. Aber der Bär lachte nur schadenfroh und paukte schneller und lauter als zuvor.

Die Erde dröhnte von den Paukenschlägen. Die Kaninchen und Mäuse, der Igel und der Käfer purzelten den Hügel hinunter. Der Bär aber stampfte noch mit seinen Hinterpfoten den Takt zu der Paukerei.

Gerade da schoben sich dicke, graue Regenwolken über die Hügel zum See. Als sie das gewaltige Pauken hörten, glaubten sie wohl, es wäre der Donner. Gleich fingen sie an zu regnen und warfen mit den Blitzen um sich.

Es wurde das fürchterlichste Gewitter, das je über den Rappelpappelwald losgegangen war. Das Wildschwein, der Igel, die Käfer, die Vögel und natürlich auch die Mäuse suchten sich einen Unterschlupf. Nur der Paukenbär stand im Regen, in Blitz und Donner und paukte lauter als das Gewitter.

„Hoho, mich schafft niemand!" brüllte der Bär in den Gewittersturm hinein. Da schlug ihm ein Blitz die Pauke vom Bauch. Die Pauke rollte in den See hinein – plopp – und versank. Der Bär aber stand da wie eine gerupfte Gans und faßte sein Leben lang keine Pauke mehr an.

Denn wer weiß!

Die Unken aber versuchen an manchen Sommertagen auf dem Grund des Sees die Pauke zu schlagen. Und wer Glück hat, kann sie hören.

Unk – unk – unk!

Als die Haselmaus die Sonne auspustete

Die Haselmaus hatte Sorgen.

Mäuse haben immer Sorgen. Nicht nur, weil sie nicht schwimmen können und weil niemand im Rappelpappelwald die Mäuse grüßt, viel schlimmer! Dieser und jener will sie verfrühstücken, und der wilde Kater aus der Rotbuche ist der gierigste.

Die Haselmaus aber hatte doppelte Sorgen, weil sie nämlich die allerkleinste Maus im Rappelpappelwald war – kleiner als die Piepsmaus.

Als der wilde Kater einmal satt in der Sonne lag, hockte die Haselmaus unter dem Eulenbaum und seufzte vor sich hin. „Ich bin verloren, wenn meine Beine einmal müde werden!"

„Dann wird es Zeit, den Kopf zu gebrauchen", sagte die Abendeule. „Mit den Beinen geht es aber schneller als mit dem Kopf!" flüsterte die Haselmaus, fand aber schließlich doch heraus, wie es die Abendeule gemeint hatte.

Als der wilde Kater die Haselmaus am nächsten Abend bis zum Bach gejagt hatte, blieb sie plötzlich stehen und sah dem Kater ins Gesicht. „Von heute ab laufe ich nicht mehr davon, denn ich kann mehr, als du denkst!"

Da wäre doch der wilde struppige Kater vor Lachen beinahe den Hügel hinuntergerollt! Er hielt sich an einem Zweig fest und gluckste.

„Dann zeige mal, was du kannst!"

Die Haselmaus reckte sich. „Reicht es dir, wenn ich einen Handstand mache?"

„Das kann jeder!"

„Reicht es dir, wenn ich die Sonne auspuste?"

„Das schaffst du nie!"

Die Haselmaus kletterte auf einen Feldstein und schielte zur Sonne hinüber, die gerade hinter dem Eichenwald versinken wollte. Sie blies ihre Backen auf, holte tief Luft und pustete, daß ihr die Ohren flatterten.

Da sank die Sonne tiefer und war nur noch bis zur Hälfte zu sehen. „Entschuldige!“ flüsterte die Haselmaus ganz außer Atem. „Ich bin heute nicht in Form, gestern habe ich es mit einem Puster geschafft!“ Sie blies noch einmal beide Backen auf und pustete mit einem so langen Puster, daß die Sonne inzwischen hinter den Eichen verschwunden war.

„Ohhhhh!“ Der wilde Kater war sprachlos. Er hockte noch eine Weile da und sah dumm in den blauen Abendhimmel. Die Haselmaus aber prahlte herum, bis es dem Kater in den Ohren rauschte.

„Eigentlich müßte ich das auch schaffen“, maulte er.

Gerade da ging der Mond über dem Bach auf. „Für den Anfang wäre der Mond gerade das richtige“, sagte die Haselmaus. „Vielleicht schaffst du ihn gleich mit einem Puster.“

Da strengte sich der wilde Kater gewaltig an, sog die Luft durch die Nase, daß es pfiff, und pustete…

Aber der Mond rührte sich nicht. Er stieg höher und wurde groß und rund wie ein Eierkuchen.

„Du darfst nicht gleich aufgeben!“ Die Haselmaus klopfte dem Kater mit der Pfote auf den Rücken.

Und der wilde Kater? Der pustete die ganze Nacht wie ein Blasebalg, bis er vor Erschöpfung einschlief – mitten auf dem siebenten Hügel im Rappelpappelwald.

Da schlich sich die Haselmaus heimlich davon und holte ihre ganze Mäusesippschaft. Sie stieg mit ihnen auf den siebenten Hügel und schlug dem Kater mit der Pfote auf den Bauch. „Besiegt!“

„Pfffffffft!“ pustete der Kater im Traum und schlief weiter.

Die Haselmaus aber gab ihm mit der Pfote einen Stups – und der wilde Kater rollte schlaftrunken holterdiepolter den Hügel hinunter. Da ließen alle Mäuse vor Erstaunen ihre Ohren hängen – klipp – klapp.

Der Riesenpilz

Es regnete. Es regnete schon drei Tage lang.

Als sich die Wolken endlich müde geregnet hatten, wuchs neben dem Holunderbusch ein Riesenpilz. Gerade da kam Hähnchen vorbei – wegen der Schnecken auf der regennassen Wiese – und entdeckte den Riesenpilz. „Ein Riesenriesenriesenpilz!" krähte Hähnchen gleich. Die Hühner kamen neugierig angelaufen und wollten einen Schnabel davon abpicken. Doch da wurde Hähnchen tückisch. Es flatterte auf den Riesenpilz und schrie: „Er gehört nur mir!"

Wer auch vorbeikam, der Igel, die Maus oder das Eichhörnchen, Hähnchen saß oben auf dem Pilz und bewachte ihn und biß und hackte. Der Pilz wuchs und wuchs und war schon beinahe so hoch wie der Holunderbusch.

Als der Mond aufging, stampfte das Wildschwein vorbei. „Nun seht doch mal den Riesenpilz! Wir feiern ein Fest, und der ganze Wald hat ein Abendbrot!"

Aber Hähnchen gönnte niemandem auch nur einen Krümel. „Ich habe ihn entdeckt! Er gehört mir!" krähte es.

„Dann eben nicht, dummer Federwisch", grunzte das Wildschwein und trollte sich zum Bach, denn es gab überall genug für den Bauch. Der Pilz aber wuchs auch im Mondenschein weiter. Als die Morgensonne hinter dem Birkenhügel aufging, konnte Hähnchen vom Pilzhut hinunter in das Drosselnest sehen.

Da hoppelte das Flitzkaninchen mit seiner ganzen Familie vorbei. Die Kaninchenmutter klopfte mit der Pfote gegen den Riesenpilz. „Den kann man fressen, und deshalb guten Appetit!"

„Weg! Weg!" rief Hähnchen, schlug wild mit den Flügeln und krähte so fürchterlich, daß die Kaninchenkinder vor Schreck einen Schluckauf bekamen.

Der Pilz aber wuchs, höher und höher. Bei jedem Windhauch schwankte er schon, und Hähnchen mußte die Augen schließen, um nicht schwindlig zu werden.

Aus lauter Mißgunst hatte Hähnchen keine Zeit mehr, Mücken und Käfer zu jagen. Sein Magen knurrte, die Federn standen ihm struppig zu Berge, und seine Stimme wurde heiser.

Der Riesenpilz aber wuchs turmhoch.

Wenn Hähnchen jetzt über den Pilzrand auf die Waldwiese herunterschielte, stöhnte es leise: „Ohhhh!“ und traute sich keinen Schritt mehr zu gehen.

Die Hennen aber und die frechen Kücken sahen manchmal zu Hähnchen hinauf, machten einen dummen Witz, fraßen die fettesten Würmer und Käfer und zwinkerten sich zu.

Der Hähnchenpilz wuchs vom Morgen bis zum Abend – und vom Abend bis zum nächsten Morgen. Es wollte mit dem Wachsen überhaupt kein Ende nehmen.

Hähnchen bereute längst schon, auf dem hohen Pilz festzusitzen.

Eines Tages segelte eine neue dicke, graue Regenwolke über den Birkenhügel und regnete los. Wer ein schützendes Dach fand, stellte sich unter. Nur Hähnchen auf dem Pilzhut wurde pitschnaß.

Da schlug Hähnchen mit den Flügeln und wollte sich die Tropfen aus den Federn schütteln. Weil der turmhohe Riesenpilz aber innen schon faul war, stürzte er von dem Geflatter zusammen, und Hähnchen saß mitten im fauligen Brei.

Gleich kamen hundert Fliegen, brummten und krabbelten und schnabbelten um Hähnchen herum. Als sich Hähnchen endlich aus dem Mus herausgewühlt hatte, riefen alle Hühner: „Iiiiii! Hähnchen stinkt!" Gleich kicherten die frechen Kücken. „Hähnchen stinkt!"

Selbst das alte Wildschwein, das allerhand gewöhnt war, stopfte sich Moos in seine Nasenlöcher. Hähnchen aber trippelte schnell zum Bach und badete drei Tage lang.

Aber noch immer – und es ist schon sehr lange her – lachen die Hühner plötzlich, wenn sie Hähnchen sehen. Oder das Wildschwein grunzt: „Wißt ihr noch?" – „Wir wissen! Wir wissen!" kichert es von überall zurück.

Und Hähnchen? Das macht um jeden Pilz einen großen Bogen, und sei er auch nur so groß wie ein Hosenknopf.

9 Kinderlieder

Text: Ingeborg Feustel
Musik: Willibald Winkler

Das Lied vom Dibbel-Dabbel-Regen

Verhalten und rhythmisch

2. Es regnet dibbel-dabbel-dapp
auf das grüne Feld hinab
aus grauen Sommerwolken.
Da hocken die Hasen
so still im Gebüsch
und hören den Regen klopfen.
Die Vögel verstecken sich tief im Laub
vor den Dibbel-Dapp-Regentropfen.

3. Es regnet dibbel-dabbel-dapp
auf das grüne Gras hinab
aus grauen Sommerwolken.
Und wenn es geregnet
zwei Stunden und mehr,
glänzt alles wie frisch gewaschen.
Im Spinnennetz hängen noch klitzerklar
viele Regentropfen naß in den Maschen.

Das Lied von den zwei Jägern

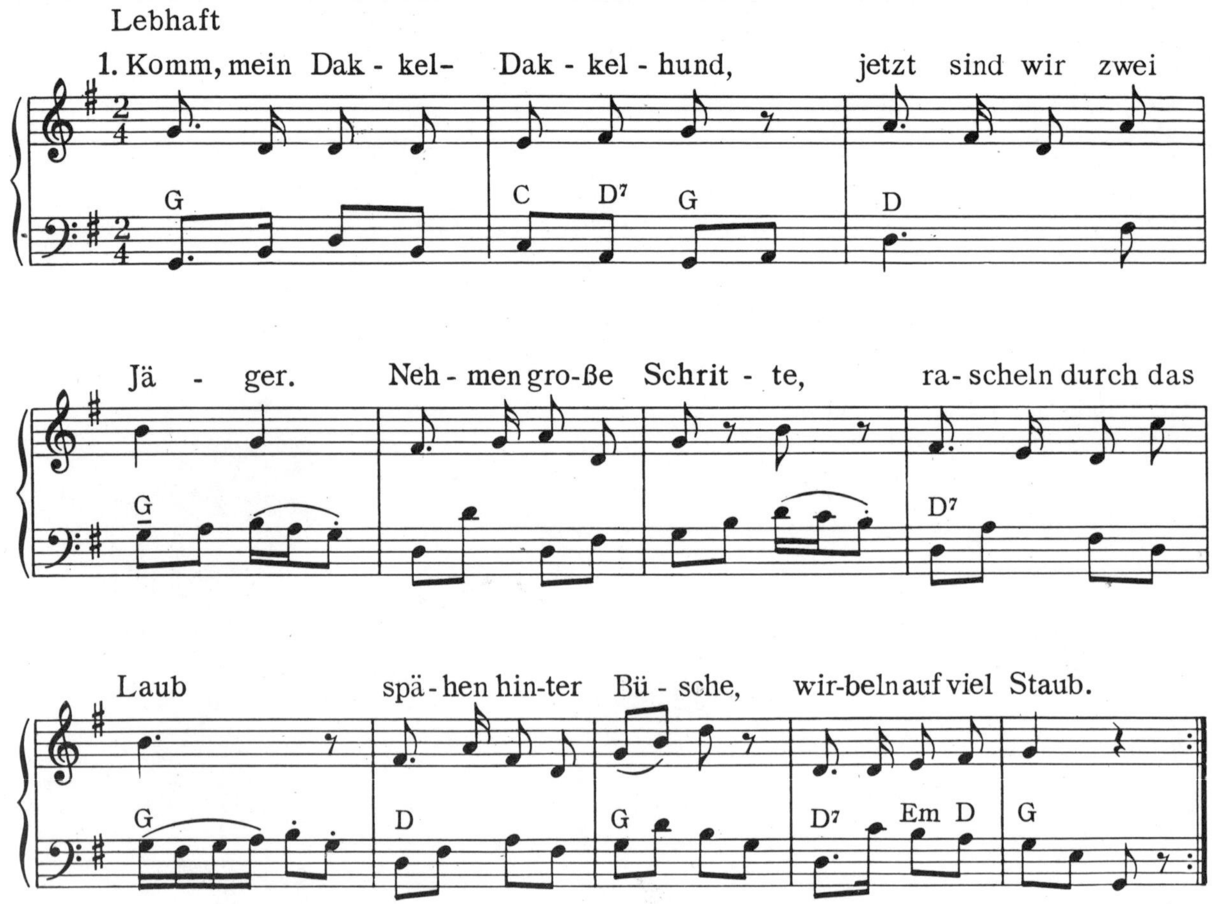

2. Dummer Dackel – Dackelhund!
Warum mußt du bellen?
Flüchten selbst die Mäuse,
rascheln durch das Laub –
flitzen fort die Hasen,
wirbeln auf viel Staub.

3. Komm, mein Dackel – Dackelhund,
stolz sind beide Jäger.
Fingen einen Käfer,
rascheln durch das Laub –
nehmen große Schritte,
wirbeln auf viel Staub.

Klipp-klapp-klopf – es klopft an meine Tür

2. Klipp-klapp-klopf!
Wer klopft an meine Tür?
Es ist der freche Gänserich,
der zischt: „Steh auf und wasche dich!“
Schnatterattata –
schnatterattata.

3. Klipp-klapp-klopf!
Wer klopft an meine Tür?
Es ist die graue Knuspermaus,
die piepst: „Steh auf und komm heraus!“
Pippse-rippseri –
pippserippseri.

4. Tipp-tapp-tapp!
Ich öffne meine Tür.
Ich laufe in den Wald hinein,
und alle laufen hinterdrein.
Tippeltappeltapp –
tippel-tappel-tapp!

Das Lied vom Raschelbusch

2. Husch –
es raschelt hinterm Busch!
Seh ich im Gezweig ein Ohr,
und das wackelt,
ja, das kommt
mir komisch vor.

3. Husch –
es raschelt hinterm Busch.
Da ist eine Mümmelnas',
und die schnuppert,
ach, es ist
nur ein brauner Has'!

4. Husch –
es raschelt hinterm Busch!
Und ich lache fürchterlich.
Häschen hoppelt,
denn es hat
ja mehr Angst als ich.

Tanzlied

2. Komm, rollerundes Igelkind –
komm, wir wollen tanzen.
Nein – du stichst mit dem Sti-Sta-Stachelrock
wie ein wilder Rosenstock.
Ich kann nicht mit dir tanzen!

3. Komm her, du grauer Elefant –
komm, wir wollen tanzen!
Aber nein, viel zu dick ist mir dein Po,
und deine Beine stampfen so.
Ich kann nicht mit dir tanzen!

4. Komm her, Sabinchen, komm zu mir –
komm, wir wollen tanzen.
Seht doch nur, wie elegant das geht,
wenn Sabinchen sich im Kreise dreht.
Denn wir tanzen gut zusammen.

Wollte mir den Sommer fangen

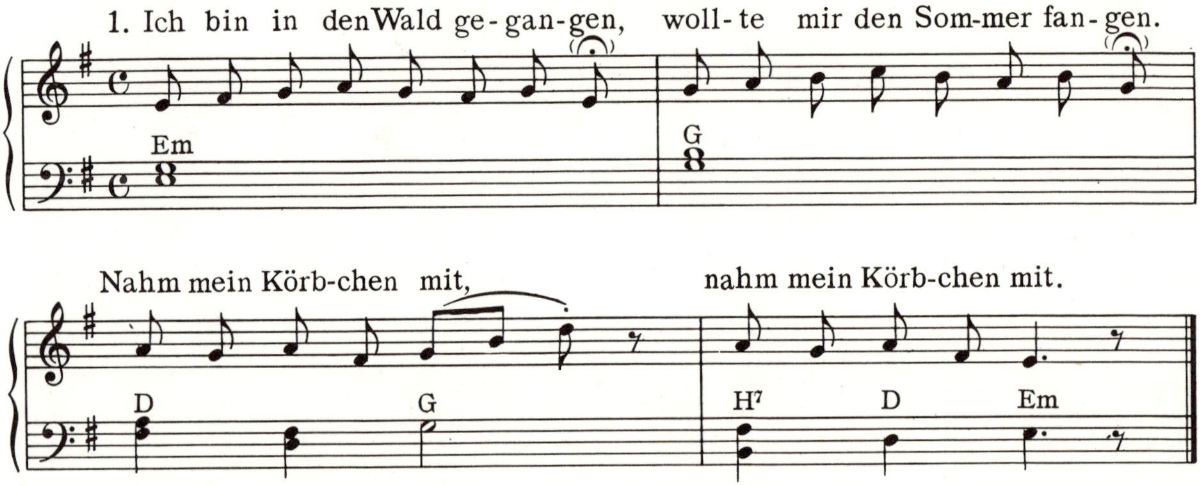

2.
Wollt' die Sommersonnenstreifen
mir als Nachtlaternchen greifen.
Doch sie huschten fort –
doch sie huschten fort.

3.
Wollt' die Vogellieder haschen,
blieben nicht in meinen Taschen.
Schwirrten durch die Luft –
schwirrten durch die Luft.

4.
Wollt' mir ein, zwei weiße Wolken
aus dem Sommerhimmel polken.
Wolke flog zu hoch –
Wolke flog zu hoch.

5.
Ich bin aus dem Wald gekommen,
habe gar nichts mitgenommen.
Nur im Haar den Duft
von der Sommerluft.

Leise, Wind, blase leise

Sehr ruhig

2. Leise, Mond, reise leise.
Die Eule zieht sacht Kreise.
Sie segelt wie ein Hauch am See.
Die Birken stehen weiß wie Schnee.
Leise, Mond, reise leise.

3. Hörst du's, Wind, hörst du's rufen?
Da läuft's auf vielen Hufen.
Die Kühe muhn, es schreit der Hahn.
Die Nacht ist aus, der Tag fängt an.
Hörst du's, Wind, hörst du's rufen?

Das Lied von den Tippeltapsen

ro - te Fuchs, der schlau-e, schleicht sich heim-lich hin-ter-drein.
B♭7 E♭ B♭7 E♭
Und das wil-de Schwein flitzt in den Wald hin - ein. Ja, ja, ja.
E♭ A♭ F E♭ A♭ B♭7 E♭ B♭ E♭ B♭7
D.C. al fine

Weißt du, wo die Käfer sitzen

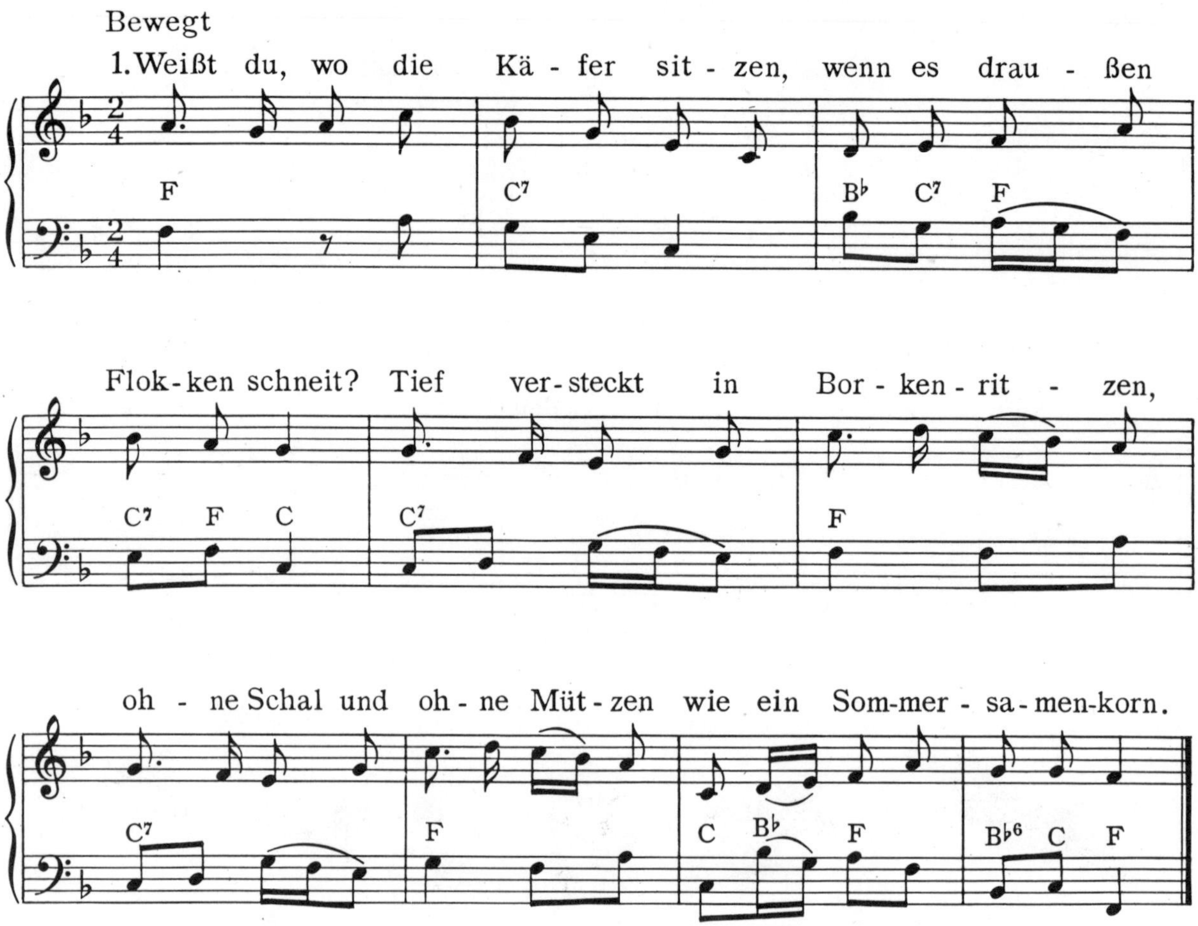

2. Gehen Igel auf die Reise,
wenn es draußen Flocken schneit?
Nein, das ist nicht Igelweise,
denn sie schnarchen längst schon leise
in dem warmen Blätternest.

3. Weißt du, wo die Frösche hocken,
wenn es draußen Flocken schneit?
Stumm und starr wie Borkenbrocken,
keine Mücke könnt' sie locken,
schlafen sie im Winterteich.

4. Wo mußt du die Spatzen suchen,
wenn es draußen Flocken schneit?
Für ein Krümchen Streußelkuchen
wird dich gleich ein Schwarm besuchen
auf verschneitem Fensterbrett.